LES
PRÊTRES INSTIGATEURS
DU
COUP-D'ÉTAT.

IMPRIMERIE DE J. TASTU,
RUE DE VAUGIRARD, N. 36.

LES
PRÊTRES INSTIGATEURS

DU

COUP-D'ÉTAT.

CE QU'ILS ONT FAIT, CE QU'ILS AURAIENT
FAIT, CE QU'ILS PEUVENT FAIRE.

Ils ne sont plus ces temps où, lorsqu'on avait des vérités dans la main, il fallait la fermer. Actuellement les nations devenues majeures demandent à voir clair dans tout ce qui se fait en leur nom. La presse, qui a reconquis sa liberté depuis peu de jours, s'occupe déjà de propager des vérités salutaires. La plus noble ambition de l'homme de lettres est de mériter le titre d'écrivain national ; il s'honore d'être l'humble satellite de l'opinion ; il s'efforce d'unir sa voix à la voix de cette masse d'individus d'élite dont la volonté est comme l'émanation de la volonté générale.

LES PRÊTRES

INSTIGATEURS

DU COUP-D'ÉTAT.

CE QU'ILS ONT FAIT, CE QU'ILS AURAIENT FAIT,

CE QU'ILS PEUVENT FAIRE.

PAR SANTO-DOMINGO,

AUTEUR

DES TABLETTES ROMAINES.

Béni par eux tout dégénère,
Par eux la plus vieille des cours
N'*était* qu'un petit séminaire.

BÉRANGER.

PARIS

A.-J. DÉNAIN, LIBRAIRE,

RUE VIVIENNE, N. 16.

1830

L'organisation sociale, que les populations réclament impérieusement comme un droit trop long-temps méconnu ou frauduleusement éludé, comme un besoin urgent, une nécessité inflexible de notre époque, est un ordre de choses conforme à la nature, car il attache plus d'importance à l'espèce qu'à l'individu; conforme à la raison et à l'équité, car il place le droit au-dessus du privilége; en un mot, c'est le régime constitutionnel qu'on peut définir : *Un État où les gouvernans sont les gérans responsables des affaires des gouvernés.*

Quels que soient les gérans des affaires de notre belle France, qu'ils songent bien que le temps des *réalités* est venu pour elle, qu'elle ne veut plus être exploitée au profit de la haute et basse bureaucratie; qu'il lui faut un gouvernement économique. Le corps social doit nourrir ses membres, et non être dévoré par eux. Puisse le chef de l'État, désigné par le vœu de la nation, ne plus s'environner d'une multitude de vampires vulgairement appelés courtisans! Puisse-t-il se mettre en communication avec le peuple pour connaître ses besoins et soulager ses maux! Si

Charles X en avait agi ainsi, il n'en serait pas réduit à chercher un asile, et à voir le sol français se dérober sous ses pas. De toute cette multitude de prêtres titrés gorgés d'or, à qui il avait livré la France en curée, pas un seul ne l'accompagne ; ils restent au milieu de nous, ils se flattent qu'on ensevelira dans un lâche ou dédaigneux silence leur conduite passée ; mais la presse dont ils voulaient étouffer la voix va dévoiler leur conduite.

Pour quiconque n'est pas absolument aveugle, il est prouvé avec surabondance que les prêtres ont été les instigateurs persévérans de la crise actuelle. Depuis quand ? Depuis l'époque de la Restauration. C'est à dater de cette ère funeste, que dans le conseil sacré de la couronne, conseil intime composé d'un état-major d'aumôniers, il fut arrêté à l'unanimité que l'on ressusciterait l'ancien régime avec tous ses droits et tous ses priviléges, c'est-à-dire tous ses abus.

Dès 1815 la congrégation était grosse du ministère Polignac ; en d'autres termes ce ministère a toujours été, pendant quinze ans, présent à la pensée des conspirateurs ecclésiastiques, et s'ils ont souffert que d'autres hommes fussent appelés au timon des affaires , c'est qu'ils ne les considéraient que comme les marche-pieds de leur ministère de prédilection. L'histoire dira toutes les intrigues , toutes les machinations dont la France a été travaillée sans relâche par le clergé catholique , et avec quelle infernale adresse il a fabriqué le filet d'oppression dans lequel il prétendait envelopper la nation française en punition de son amour pour la liberté , et de la tendance à perfectionner sa civilisation.

Aujourd'hui la tâche de l'écrivain doit se borner à rassembler comme dans un faisceau les principales charges de ce grand procès.

Le drapeau blanc, linceul qui succédait au drapeau des conquêtes , flottait à peine sur les Tuileries, qu'une sombre terreur monacale se répandit sur Paris , et bientôt dans toute la France. Un état de torpeur et d'alarmes perpétuelles s'empara de la société , les Jésuites se montrèrent sur tous les points du royaume bénissant d'une main et menaçant de l'autre : les employés du gouvernement, afin de conserver leurs emplois, furent obligés de se faire agréger à cette terrible compagnie. En Espagne on se faisait familiers de l'Inquisition pour en être épargné ; de même en France il fallut être familier du jésuitisme , et , selon l'expression consacrée , *jésuite de robe courte*. Le malheureux père de famille, placé entre la honte et la faim , dut vivre de l'une ou mourir de l'autre. L'esprit de tartuferie s'injecta dans les veines du corps social ; on ne trouvait plus entre les parens et les amis les doux épanchemens de la confiance ; partout régnaient la contrainte et la dissimulation ; dès que trois personnes étaient réunies, elles s'observaient avec inquiétude , croyant voir un jésuite au milieu d'elles.

Un des premiers attentats des prêtres fut d'avoir mis en œuvre tout leur savoir-faire pour pervertir par la tartuferie le loyal et noble caractère des Français. Les officiers qui hantaient les églises et qui se mettaient aux genoux des confesseurs étaient sûrs d'avoir de l'avancement ; on donnait de l'argent aux soldats pour qu'ils prissent des airs dévots , et moyennant dix francs pour chacun, on les faisait communier par bataillon.

Les aumôniers des régimens, ayant le rang et la solde d'officiers supérieurs, étaient chargés d'inventorier les opinions de leur régiment respectif, et d'en rendre un compte détaillé à qui de droit. Personne n'échappait à cette inquisition, et beaucoup de destitutions eurent lieu d'après les notes des aumôniers. Ils répétaient sans cesse aux soldats qu'ils devaient obéir aveuglément à leurs chefs, qui eux-mêmes mettaient leur honneur dans l'obéissance passive à la volonté du Roi. Nous venons de voir les fruits de cet enseignement sacerdotal.

Le bigotisme s'était glissé jusque dans les hauts grades de l'armée ; on a vu des maréchaux se traîner dans les rues un cierge à la main dans les processions du jubilé. L'hypocrisie dévote, considérée comme un moyen sûr de parvenir aux emplois, fit des progrès effrayans ; tous les intrigans, tous les ambitieux se hâtèrent de prendre la livrée d'un culte, objet de la sollicitude du gouvernement : ces dévots de contrebande n'agissaient, ne parlaient qu'au nom *du trône et de l'autel :* c'était la phrase à la mode.

Le clergé soumit l'administration au même système monacal ; les préfets consultaient les évêques sur tous les actes importans émanés de leur autorité. L'un de ces administrateurs, ayant été traité trop cavalièrement par son évêque, osa lui dire qu'il n'était pas *infaillible;* et vous, répliqua le prélat, vous n'êtes pas *inamovible.*

Pour obtenir un emploi quelconque dans toutes les administrations locales, il fallait que les pétitionnaires fussent munis d'une attestation de leurs curés, touchant leur exactitude à fréquenter les églises et à recevoir les sacremens. C'était une condition *sine quá non.* Bien plus, les secours alimentaires n'étaient délivrés que sur un billet de confession, et quelquefois de communion. Point d'hostie mangée, point de pain.

La magistrature reçut la même impulsion. On ne pouvait rire du dernier balayeur de sacristie, sans être condamné comme outrageant la religion de l'État. Béranger fut jeté deux fois en prison, atteint et convaincu d'avoir composé ses chansons avec trop d'esprit, de raison et de patriotisme.

Le jeune Dumontey, enrôlé dans l'état ecclésiastique avant d'avoir pu en calculer tous les inconvéniens, réclamant devant les tribunaux la faculté de se marier, vit sa demande rejetée; ses juges, au mépris du Code civil, lui clouèrent pour ainsi dire la soutane sur la peau, et le condamnèrent à rester prêtre.

Tout récemment le gérant de la *Gazette constitutionnelle des Cultes* a vu confirmer par la Cour royale la sentence qui lui infligeait six mois de prison. Le grand crime de la Gazette des Cultes était de présenter, ainsi qu'un miroir fidèle, toutes les phases de la conspiration sacerdotale contre nos libertés publiques. Néanmoins le haut clergé trouvait les magistrats peu zélés, parce que tous leurs arrêts n'étaient pas des services, et il les faisait gourmander dans l'occasion.

Le premier soin des prêtres, dès qu'ils eurent façonné à leur joug la famille régnante, fut de battre monnaie sur les marches de l'autel. Appuyés sur la congrégation, ils multiplièrent partout les pratiques superstitieuses, ils couvrirent de couvens et de séminaires la surface de la France, ils y plantèrent des milliers de croix, et pour l'érection de ces forêts patibulaires, ils levèrent partout des impôts considérables dont ils eurent soin de ne dépenser qu'une partie; ils établirent, sous les péristyles des églises, des boutiques remplies de crucifix, de chapelets, de scapulaires et de cent autres amulettes, qu'ils faisaient vendre à la plus grande gloire de Dieu. Tous ceux qui s'enrégimentaient dans la congrégation, étaient soumis à des redevances combinées de manière à atteindre les plus petites fortunes ; des tributs de mille espèces étaient imposés à la crédulité des esprits faibles ou timorés ; ici le prêtre demandait de l'argent pour faire enchâsser des reliques, là pour faire des statues de saints. Le curé de Saint-Roch a sollicité de ses paroissiens (ce qui voulait dire exigé) quatre cent mille francs pour construire de nouvelles stations. Les prêtres, non contens des recettes abondantes faites dans leurs églises, députaient dans les maisons leurs suisses et bedeaux demander le prix du pain béni, à des personnes qu'ils savaient ne mettre jamais les pieds dans leurs églises ; ils poussaient l'audace jusqu'à les désigner pour porter le cordon du dais dans les processions, et tel était l'effroi qu'ils inspiraient, qu'on n'osait se refuser à cette double injonction. De jeunes femmes de haute société, comtesses, marquises, maréchales, vêtues avec luxe, et une élégance toute mondaine, faisaient, à des époques fixes, des quêtes à domicile chez les gens riches *pour l'entretien des petits séminaires.* Les hommes les plus philosophes ne pouvaient refuser leurs offrandes aux sourires et aux obsessions de ces belles quêteuses.

Dans toute la France, le clergé manœuvrant à son gré des milliers d'escadrons coiffés, allait sans cesse demandant à l'État, aux départemens, aux communes, aux particuliers, aux mourans, aux morts, de l'argent pour faire de la religion avec laquelle il faisait de l'argent. C'est au moyen de ce mécanisme ingénieux de finances, que les prêtres déjà dotés d'un budget de trente millions, et probablement d'une partie de la liste civile, marchaient à la conquête des richesses du royaume, et qu'ils étaient déjà parvenus à posséder, selon la déclaration d'un député qui n'a pas été contredit, la dixième partie du revenu de la France. Armée de ce levier d'or, la congrégation se flattait d'arracher à sa base l'édifice constitutionnel.

Attentif à ne rien négliger pour parvenir à l'accomplissement de ses projets, le clergé se rendit maître de l'instruction publique ; il anéantit l'enseignement primaire, et combina son système d'éducation de manière à propager l'ignorance.

Appauvrir les bourses et les esprits, tel était le mot d'ordre et de ralliement des congrégations. Dans ce but elles avaient créé une coterie littéraire, afin de combattre la saine littérature qui, inséparable de la philosophie, apprend aux nations à connaître et à défendre leurs droits. Les coryphées de cette coterie publiaient des poésies sacrées pour préconiser toutes les superstitions catholiques, et porter jusqu'aux nues la puissance sacerdotale; le pape y était presque égalé à l'Éternel[1]. Tous ces écrivains de sacristie, entassant volume sur volume, voulaient refouler la poésie au temps de Ronsard.

Erigés en thuriféraires d'un fétichisme tendant à l'abrutissement et à l'oppression des peuples et contraire aux vrais sentimens religieux, ils furent récompensés de leur zèle par des croix-d'honneur, des places, des pensions; les congrégations en jetèrent une partie dans l'Académie déjà obstruée d'abbés et d'évêques. Le clergé, occupé à se fortifier partout,

[1] Il fallut *presqu'un Dieu* pour consacrer cet homme.

pensa qu'il ne devait pas même mépriser l'A-
cadémie. En vain la plupart des villes de
France réclamaient des hôpitaux; avait-on dé-
blayé un emplacement pour un édifice public,
le clergé s'en emparait et y élevait une églisa.
C'était une nouvelle prise de possession d
terrain, une espèce de retranchement contre
la civilisation et les libertés nationales. Les
pierres de l'ancien Opéra de Paris ayant été
jugées coupables de la mort du duc de Berry,
on démolit cet édifice : une lourde et vaste
chapelle le remplace.

Les ministres du culte catholique, ayant
employé sans relàche leur autorité mystique
à s'emparer pour eux et leurs partisans des
richesses et des emplois, avaient réussi au
point de considérer Paris comme un faubourg
de Rome; les jésuites disaient : *Notre province
de France.* Le clergé français qui, sauf un
très-petit nombre de ses membres, s'identi-
fiait avec les jésuites, crut pouvoir agir ouver-
tement et faire voir, selon l'expression de
l'abbé de La Mennais, *ce que c'étaient que des
prétres;* ils pénétraient bon gré mal gré dans
les maisons des mourans renommés par leurs
richesses ou leurs talens; ils extorquaient à la

plupart des legs considérables. Ces menées sacerdotales furent la source de nombreux procès entre les prêtres et ceux qu'ils frustraient du bien de leurs pères. Ces faits sont attestés par la *Gazette des Tribunaux*. Tout Paris se rappelle l'audacieuse et ridicule scène par laquelle l'archevêque de Paris troubla l'agonie de Talma.

Avec les captations des testamens marchaient de front les conversions des protestans ; les pensionnats de demoiselles, espèces d'ateliers de superstition, secondèrent merveilleusement le zèle des convertisseurs. Un Anglais, M. Lovedey, ayant confié ses filles à mademoiselle Reboul, les vit convertir malgré lui au catholicisme par les abbés Frayssinous et Guyon, et, chose incroyable, mais constante ! ce père infortuné se plaignit vainement à la police et aux tribunaux ; il ne put se faire rendre ses filles ; le pensionnat Reboul devint une forteresse où les deux jeunes personnes demeurèrent confisquées au profit du catholicisme de Guyon et de Frayssinous.

Dans le midi de la France, on en agit d'une manière plus expéditive avec les protestans. Trestaillon, après avoir entendu sa messe, les fusillait en plein jour au milieu des rues de Nîmes. Ce dévôt assassin rendait chaque soir compte de ses *hautes œuvres* à une commission de congréganistes. Ses meurtres furent si multipliés qu'il fut déféré à la justice, mais il prouva qu'il *n'avait travaillé* que pour le triomphe de l'autel et du trône ; il fut renvoyé absous, et peu s'en fallut que les juges ne lui demandassent excuse de l'avoir mis en accusation. A cette époque un individu dont le cœur n'était pas encore gangrené par le métier de courtisan, osa s'apitoyer devant le Roi sur les atrocités commises contre les protestans du midi. *Oui*, dit Charles X, *ils sont bien malheureux, mais ils le seront davantage dans l'autre monde.*

C'est par ces intrigues, ces violences, ces attentats, que le clergé préludait à la loi du sacrilége. Cette loi, dont toutes les persécutions religieuses sont la conséquence, cette loi qui conduit directement aux bûchers de l'inquisition, fut discutée dans la Chambre haute, peuplée de pairs ecclésiastiques, avec un zèle dévot digne des temps héroïques de Torquemada. On agita longuement la question de savoir si on couperait aux délinquans la tête et le poing ou seulement la tête. Bonald fut d'avis *de les en-voyer à leurs juges naturels.* Le fougueux abbé de La Mennais se plaignit dans une lon-gue brochure de la mansuétude de la loi qui se contentait de décapiter ceux qu'il appelait des *déicides.* Frayssinous lui répondit qu'il ne fallait pas *se précipiter dans le bien.* Ce saint évêque d'Hermopolis voulait arriver par gra-dation aux fusillades et aux mitraillades de Paris : c'était l'apôtre temporiseur du parti.

La promulgation de la loi du sacrilége fut l'époque où le clergé s'érigea en souverain temporel de la France. Tous les esprits clair-voyans jugèrent cette loi un coup-d'état auda-cieusement attentatoire à la liberté civile et re-ligieuse : coup-d'état qui devait en engendrer un second.

Le ministère Polignac apparut comme un nouveau manifeste des projets du pouvoir sacerdotal. On vit tout-à-coup des hommes, dont l'étroite conception aurait suffi à peine aux emplois les plus obscurs, se hisser aux pre-mières dignités de l'État : semblables aux rep-tiles qui atteignent, en rampant, à la cime des arbres et occupent la place des aigles.

La France présenta le plus étrange des

tableaux ; l'ignorance y commandait aux lumières, la trahison à la loyauté ; en un mot, les gouvernans étaient si inférieurs aux gouvernés, que la matière semblait régir l'intelligence. Cet état de choses était une combinaison habile des hommes d'Eglise qui, en succédant à des esprits opaques et subalternes, auraient paru des génies lumineux et transcendans.

Le héros des catégories, humilié de la stupide mysticité et de l'aveugle bigotisme du prince Romain, refusa de le reconnaître pour président du conseil, et de n'être que l'instrument de l'instrument des congrégations : on le vit se retirer avec plaisir, il n'avait jamais voulu se plier à faire de la dévotion. Peyronnet n'avait point été oublié. Les lois d'amour et de sacrilége, qu'il avait élaborées et défendues, l'érigeaient en Judas-Machabée de l'absolutisme sacerdotal : aussi le gardait-on en réserve pour le moment où on aurait besoin d'un homme d'exécution.

Déjà le clergé, jetant le masque, ne prenait plus la peine de dissimuler ses espérances. On ne pouvait faire un pas dans Paris sans rencontrer des gens d'Eglise dont le visage rayonnait d'une joie menaçante. L'archévéque Quélen, sous le prétexte d'une procession pour les reliques de Vincent de Paul, fit une revue générale de sa milice sacrée; les rues et les quais de cette capitale furent, au mépris des lois, encombrés de ses noirs bataillons; des officiers supérieurs obéissaient à des sous-diacres; comme l'Eglise allait devenir militante, il fallait l'exercer. aux manœuvres. Tous les honnêtes gens furent indignés à l'aspect de l'innombrable multitude de fainéans en surplis, engraissés de la substance d'un peuple laborieux pour conspirer contre ses libertés. Voilà, se disaient-ils tout bas, les fruits de la Restauration!

A la dissolution de la Chambre des députés, les évèques du royaume, s'érigeant en grands électeurs, travaillèrent les nouvelles élections par tous les moyens à leur usage, mais spécialement par la confession. Il fut enjoint à tous les confesseurs de déployer un zèle plus grand encore que par le passé. Les femmes ne pouvaient obtenir l'absolution que lorsqu'elles avaient induit leurs maris récalcitrans à voter pour les candidats ministériels. On a vu une de ces ferventes dévotes se débattre contre les gendarmes , afin de pénétrer dans le collége électoral , et s'assurer, *de visu*, si son époux écrivait réellement le nom du candidat qu'elle lui avait imposé , d'après l'ordre de son curé. Cette scène a eu lieu tout récemment dans le département du Puy-de-Dôme ; l'électeur en question est habitant de Thiers.

Pendant que les confessionnaux exploitaient ainsi les élections, les prédicateurs tonnaient du haut des chaires contre les candidats constitutionnels ; ils les vouaient à la haine et aux persécutions de tous les amis de la religion ; ils invoquaient contre eux toutes les sévices de la terre et du ciel ; leur fureur catholique se déchaînait surtout contre les votans de la fameuse adresse. Les évêques par leurs mandemens incendiaires renchérissaient encore sur toutes ces diatribes furibondes ; l'évêque de Nancy , nouveau saint Bernard , prêcha une croisade contre les libéraux , et dans ses naïfs emportemens il dévoila les projets et les espérances de ses confrères. L'archevêque de Paris, plus circonspect , couvrit d'un miel apostolique ses conseils sanguinaires ; il encouragea au nom du ciel Charles X à se parjurer et à tenter un coup-d'état.

Rome sait que l'existence des gouvernemens constitutionnels est incompatible avec l'existence de son gouvernement théocratique, et que le système représentatif a pour base la publicité. Eh bien ! s'écria l'ambition ultramontaine, paralysons d'abord, puis anéantissons la liberté de la presse, bâillonnons en un mot trente millions de Français ! Voilà l'extravagant attentat qu'ont dévoilé les ordonnances du 25 juillet aux personnes incrédules ; mais les esprits observateurs, qui savent rattacher les effets aux causes, annonçaient chaque jour cet infaillible dénouement. Le clergé pressé de toutes parts par le progrès des lumières, méprisé à Paris des classes éclairées, baffoué par le bon sens populaire, s'apercevant que bientôt il ne trouverait plus de débit pour son orviétan sacré, et que son fétichisme n'inspirait plus qu'indifférence ou pitié ; le clergé dont l'empire repose sur la crainte, voulut suppléer aux terreurs discréditées de l'autre monde par des terreurs plus réelles : voilà comment s'expliqua la trame des sanglantes iniquités qu'a ourdie le despotisme sacerdotal.

Et qu'on ne vienne pas dire que Rome n'a rien à faire ici. L'histoire apprendra à qui vou-

dra la consulter qu'à dater des dernières an-
nées du dix-septième siècle, époque à laquelle
Louis XIV de désastreuse mémoire révoqua les
quatre propositions de 1682 , le clergé de
France n'a pas cessé d'être ultramontain; et
tant qu'il n'aura pas une constitution civile,
il ne sera point autre chose.

Rome n'a donc cessé d'enjoindre à son
clergé de France de travailler sans relâche à
mettre ce royaume en harmonie avec les États
de l'Eglise, en y effaçant tout vestige de régime constitutionnel. Les prêtres de France,
fidèles aux ordres du pape, et rivalisant de
zèle avec les prêtres d'Espagne et de Portugal,
étaient parvenus graduellement jusqu'à obtenir la signature des fameuses ordonnances.
On assure que Charles X ayant consulté l'archevêque de Paris, le cardinal Latil, et tout son
clergé de cour sur la question de savoir si le
coup-d'état n'était pas une infraction aux sermens de Reims, ces consciencieux ecclésiastiques dissipèrent tous ses scrupules; on ne
sait pas s'ils le relevèrent de ses sermens comme
la religion catholique leur en donne le pouvoir; on croit généralement qu'ils aimèrent
mieux lui persuader qu'il n'avait jamais été

plus fidèle à la Charte qu'au moment même où il la violait. Cette consultation de Charles X rappelle celle de Louis XIV à son clergé sur un impôt qu'il regardait lui-même comme abusif. « Sire, répondirent ces hommes sacrés, » tous les biens de vos sujets vous appartien-» nent de droit divin; tout ce que vous ne leur » prenez pas est un don que vous leur faites. »

Une vérité d'une notoriété incontestable, c'est que les prêtres trouvant Charles X dépourvu de tout genre de courage, le façonnèrent à leur joug. Après avoir pour ainsi dire soutiré son intelligence et apposé leurs scellés sur son cerveau comme sur son cœur, ils le traitaient en vieil enfant couronné auquel ils donnaient pour hochet un goupillon; ils gardaient pour eux son sceptre. Ils l'avaient tellement catéchisé, tellement obsédé de terreurs de toute espèce, qu'il aura ordonné les mitraillades de Paris pour faire son salut, et qu'il ne se doute pas combien il s'est rendu exécrable à la France et à l'univers; ainsi les prêtres l'ont privé de la ressource du coupable, celle de se réconcilier par le remords avec la vertu; ils ne lui permettront que le repentir de n'en avoir pas assez fait. Avertissement terrible pour le prince appelé à régner sur les Français, de ne point s'environner d'hommes d'église, de ne point prêter l'oreille à leurs conseils. Loin, loin de lui le froc, la soutane, la mitre et la calotte rouge ; qu'il sache bien que les pires des courtisans sont les courtisans sacrés, et que l'encensoir est, surtout à la cour, un instrument de dommage et de ruine !

CE QU'ILS AURAIENT FAIT.

Si la population parisienne, par un dévouement inoui à la cause des libertés publiques, n'avait pas accompli dans trois jours tous les prodiges d'intrépidité et d'héroïsme ; si les troupes de Charles X, préparées de longue main au saccagèment de Paris, avaient obtenu sur un peuple surpris et sans armes la supériorité que leur tactique, leur discipline, leur artillerie formidable semblaient devoir leur assurer ; si enfin la capitale avait été mise à feu et à sang pour le maintien des ordonnances, qu'aurait fait le clergé ? Ce qu'il était déjà tout préparé à faire : il aurait solennisé la destruction de Paris par toutes les pompes triomphales du culte catholique : voyez tous les curés rivalisant de zèle, entonnant mille *alleluia*; admirez surtout M. l'archevêque Quélen chantant un *Te Deum* au milieu des vastes ruines toutes fumantes de cette capitale. Le voilà qui s'avance sur le parvis de Notre-Dame au-devant de Charles X victorieux; il lui parle à peu près en ces termes :

« Sire, votre auguste main avait à peine ap-
» posé sa signature à vos royales ordonnances
» dont le Saint-Esprit lui-même a dicté les
» paroles, que de tous les points de mon dio-
» cèse votre fidèle clergé a élevé ses mains
» suppliantes vers l'Eternel pour lui demander
» son appui. Touché de nos prières, il a en-
» voyé son ange exterminateur qui a marché
» devant vous; vous avez détrempé la pous-
» sière avec le sang de sujets rebelles qui, à
» l'exemple des esprits des ténèbres, voulaient
» mettre des bornes à votre autorité. Insensés
» qui méconnaissaient et les droits de votre
» naissance et les droits de l'onction sacrée que
» les ministres du ciel ont versée sur votre au-
» guste front!

» Continuez, Sire, d'extirper de votre
» royaume une race impie et révolutionnaire;
» vous avez triomphé des Bédouins d'Afrique,

» il vous reste à exterminer les Bédouins de
» France : le succès est certain, car vous avez
» pour vous nos prières, le sceptre de Marie
» et la houlette de sainte Geneviève. »

Comme il vaut mieux rester en-deçà qu'aller
au-delà du vrai, on attribue ici à mon-
seigneur l'archevêque une allocution beaucoup plus modérée qu'il ne l'aurait faite en
telle circonstance. Mais il faut renoncer à
donner une idée des anathêmes que les curés
et leurs vicaires auraient vomis contre les citoyens morts victimes de leur patriotisme et
du dévouement le plus pur à la sainte cause
des lois. Des torrens de malédictions seraient
sortis de la bouche de ces mêmes prêtres qu'on
a vus réciter des prières sur le tombeau de ces
mêmes citoyens. Autre temps, autre conduite:
telle est et telle fut toujours la règle du clergé;
peu lui importe d'être en opposition avec ses
doctrines. En théorie, le pauvre et l'opprimé
sont ses meilleurs amis; en pratique c'est tout le
contraire : Bonaparte est un usurpateur, dit le
Pape, mais comme il est puissant j'irai le sa-
crer; l'Empereur tombe, eh bien! l'Eglise
en sacrera un autre. Satan en personne vien-
drait s'asseoir sur le trône qu'on se dispu-

terait dans le clergé à qui huilerait ses cornes.

Et qui n'a mille fois entendu les prêtres insulter aux couleurs nationales, et les traiter
de couleurs de l'enfer? Cependant le curé
de Saint-Roch, tout comblé des dons de la
Cour, a saisi le moment précis où le drapeau
blanc descendait des Tuileries pour faire flotter
sur son église le drapeau tricolore, et cela
sans y être contraint le moins du monde. Saint
Pierre ne mit pas tant de célérité à renier son
maître.

Après le concert d'actions de grâce pour la
destruction de Paris et le succès des ordonnances, le clergé réclamait tout de suite le prix
de ses travaux apostoliques. La nouvelle Chambre des députés, telle que le coup-d'état l'avait
organisée, étant toute à la dévotion des prêtres,
les réintégrait dans la possession des regis-
tres de l'état civil. Cette mesure législative
après laquelle ils soupiraient depuis long-
temps, et qui leur est indispensable pour établir l'omnipotence théocratique, faisait de tous
les régnicoles des serfs du clergé, et changeait
la France en un autre Paraguay.

Les tribunaux à demi ecclésiastiques avant
les ordonnances le seraient devenus tout-à-

fait sous le régime du bon plaisir; notre droit public n'aurait plus été que du droit canon, et on aurait effacé du Code civil toutes les dispositions contraires aux dogmes catholiques.

Le clergé qui voulait ressaisir tout ce qu'il prétendait avoir perdu par la révolution, se serait fait allouer de grosses indemnités pour ses biens vendus.

La persécution contre les protestans aurait été organisée de manière à ne leur accorder ni paix ni trève.

L'espionnage qui s'exerce par la confession, aurait acquis une telle extension que toutes les maisons des particuliers eussent été changées en édifices de verre.

Les jésuites auraient été reconnus par une loi spéciale avec toutes leurs anciennes prérogatives; ces bons pères, à force de bénir la France, auraient attiré à eux toutes les richesses en la réduisant à l'état lamentable de la campagne de Rome.

Les prêtres, introduits peu à peu dans les deux Chambres législatives, auraient fini par les dominer, et les changer l'une en synode, l'autre en concile; à la place d'une Charte constitutionnelle nous aurions eu un recueil de décrétales du Pape.

Enfin l'inquisition et ses bûchers seraient venus couronner l'œuvre des ordonnances et de la contre-révolution, car quoi qu'en puissent dire les sceptiques, on est bien près de torturer les corps, quand on est parvenu à torturer, à étouffer les pensées.

Voilà le tableau incomplet des misères et des malheurs que nous réservait l'absolutisme sacerdotal si son coup-d'état avait réussi.

Reconnaissance immortelle à l'héroïque peuple de Paris qui a fait avorter cette formidable conspiration !

CE QU'ILS PEUVENT FAIRE.

Il est incontestable que l'intérêt bien entendu de la couronne consiste à favoriser le développement des institutions libérales ; le clergé actuel au contraire est, par nature et par état, l'ennemi de l'affranchissement des nations et de l'émancipation de la pensée. La puissance royale fut oppressive par tradition, par erreur de jugement, la puissance ecclésiastique par instinct et logiquement : ce mot d'un général des jésuites *sint ut sunt aut non sint*, est devenu la devise des prêtres catholiques ; c'est la même cause et le même chef. Le but du régime constitutionnel est d'établir l'harmonie entre les peuples et les rois ; le clergé, qui vit aux dépens des uns et des autres, a cette harmonie en horreur : voilà pourquoi il poussa au ministère des hommes antipathiques à la France, voilà pourquoi il va actuellement mettre en jeu toutes les intrigues, remuer toutes les passions, pour conserver tous les avantages qu'il possède, et ressaisir l'influence politique que la glorieuse révolution de juillet dernier lui a enlevée. Brisez un toile d'araignée, elle est retissue à l'instant par l'insecte : il en est ainsi de la trame sacerdotale.

Admirez avec quelle adresse les prêtres, toujours occupés de leur veau d'or, ont déjà fait voter la Chambre des députés en faveur de leurs finances ; quand nous leur devons nos maux, on s'empresse de leur promettre nos biens. La religion catholique apostolique et romaine est professée par la majorité des Français : étrange déclaration d'une assemblée dont peut-être pas un des membres ne se confesse ni ne communie. A entendre les niais, les alarmistes, il est bon de dire ces choses pour satisfaire aux exigences fanatiques de certains départemens fort arriérés en civilisation. Dans les départemens, comme à Paris, on est las d'entretenir le luxe et les richesses d'un clergé dont les plans ambitieux et dominateurs jurent avec les principes de l'Evangile; dans les départemens, comme à Paris, on estime autant des prières à bon marché, que des oremus achetés à grands frais; en un mot, dans les départemens comme à Paris, on ne veut plus du métier de dupe.

La vérité est que l'immense majorité des Français ne professe point le catholicisme. Professer une religion quelconque, c'est en observer quelques pratiques indispensables: la confession et la communion sont de rigueur pour être réputé catholique. Cela est si vrai, qu'à Rome le pape oblige ceux qui ont leur domicile dans cette capitale de la catholicité à faire leurs pâques. Sa Sainteté veut quelquefois de la logique. Il est par trop absurde de se prétendre sectateur d'un culte, quand on n'en remplit aucun des devoirs constitutifs.

Parmi les valeureux citoyens qui ont fait triompher la cause nationale dans les trois mémorables journées de juillet, combien compterait-on d'individus ayant été à la messe, à confesse, etc.? Probablement aucun. Les baïonnettes catholiques étaient du côté qui fusillait le peuple et la liberté.

Les pavés de Paris étaient encore humides du sang des défenseurs de la patrie, et l'on réclamait dans la Chambre des députés le salaire des prêtres! Concluons de cette circonstance que les congrégations exercent encore leur pernicieuse influence sur les principaux rouages de notre organisation politique.

La Charte déclare accorder une protection égale à tous les cultes, donc elle doit les salarier tous ou n'en salarier aucun. C'est une conséquence inévitable du principe. Eh quoi! les israélites dont le culte n'est pas retribué paieront, au moyen de l'impôt, une partie du salaire des prêtres catholiques ennemis acharnés du judaïsme! N'est-ce pas intervertir toute idée de justice? La partialité et l'intolérance n'agiraient pas autrement.

Le clergé catholique va encore être payé *par l'État*, pour déclarer que la respectable mère de famille, déclarée épouse *légitime par les lois de l'État*, n'est qu'une *concubine* dont les enfans sont des *bâtards;* ce clergé sera payé pour exiger du cousin germain une déclaration qui déshonore sa cousine germaine, seul moyen d'obtenir des dispenses de mariage à la cour de Rome; ce clergé sera payé pour insulter au Code civil dans ses principaux articles!!

Cet état de choses est intolérable; la raison publique, dont les progrès sont immenses, en fera justice. La nation française, imbue de tous les nobles sentimens, est essentiellement religieuse, mais elle veut un culte purgé d'ultramontanisme, un culte qui ne relève pas les rois de eurs sermens; un culte en harmonie avec la législation du royaume, un culte enfin dont toutes les cérémonies, proclamant le respect dû aux lois du pays, soient comme la consécration de ces mêmes lois. Avec un tel culte, les coups-d'état ne seraient plus à redouter.

FIN.